# La Diplomacia de los Dólares

Jackson Cooper

**Página de Derechos de Autor**

# Indice

# ¿Qué Son los Impuestos y Por Qué los Pagamos?

Los impuestos son parte de nuestra vida diaria, aunque muchas veces no nos demos cuenta. Cada vez que compras algo en una tienda, llenas el tanque de gasolina o incluso cobras tu sueldo, estás contribuyendo con una parte de tu dinero al sistema que mantiene funcionando a un país. Pero ¿por qué tenemos que pagar impuestos? ¿Es simplemente un capricho del gobierno o hay una razón más profunda detrás de todo esto? Imagina por un momento un mundo sin calles pavimentadas, sin escuelas públicas, sin hospitales accesibles o sin policías que protejan nuestras ciudades. Los impuestos son el motor que permite que todas estas cosas existan.

Cuando pagamos impuestos, en esencia estamos financiando los servicios que todos utilizamos, queramos o no. Desde el alumbrado público que ilumina nuestras calles por las noches hasta los bomberos que acuden a una emergencia, esos servicios cuestan dinero, y los impuestos son la manera en que se cubren esos costos. Puede que no siempre lo veamos de inmediato, pero cada moneda que pagamos tiene un propósito, incluso si no siempre estamos de acuerdo con cómo se gasta. En otras palabras, los impuestos no son solo una obligación, son una forma de contribuir al bienestar de la comunidad en la que vivimos.

Sin embargo, el problema para muchas personas es que no sienten que reciben un valor justo por lo que pagan. Tal vez has sentido que el dinero que te quitan de tu salario podría estar mejor en tu bolsillo, usándose para tus propias necesidades. Es una preocupación válida, y es normal preguntarse si esos fondos realmente están siendo utilizados de la mejor manera. Pero lo cierto es que, sin esos ingresos, las cosas que damos por sentado, como la educación pública, el transporte o la seguridad, serían imposibles de mantener. Así que, aunque no siempre nos guste, los impuestos son un mal necesario para que la sociedad funcione.

Al mismo tiempo, hay un componente de responsabilidad en el pago de impuestos. Vivimos en un mundo donde es fácil caer en la trampa de pensar que "si yo no pago, no pasa nada". Pero si cada persona decide no cumplir con esta responsabilidad, el sistema entero se derrumbaría. Por eso, pagar impuestos no solo es una cuestión legal, es una cuestión de principios. Es una manera de contribuir al progreso colectivo, de asegurarnos de que las próximas generaciones tengan acceso a las mismas o incluso mejores oportunidades que nosotros tuvimos.

Claro, no todo es perfecto. Sabemos que los sistemas fiscales pueden ser complicados, injustos o hasta abusivos en algunos casos. Pero entender cómo funcionan es el primer paso para poder manejarlos mejor. Porque, aunque los impuestos parezcan una carga, también son una herramienta poderosa que podemos aprender a usar a nuestro favor. La clave está en educarnos, en conocer nuestras obligaciones y derechos, y en aprovechar las oportunidades legales que existen para reducir lo que pagamos sin caer en prácticas incorrectas o riesgosas.

En este mundo, todos estamos conectados. Cuando pagamos impuestos, no solo estamos ayudándonos a nosotros mismos, sino también a nuestros vecinos, amigos y familiares. Es un acto de solidaridad, aunque no siempre lo veamos de esa manera. Al final del día, los impuestos son una inversión en el lugar donde vivimos, en el futuro de nuestra comunidad y en la calidad de vida de todos. Es fácil sentir que estamos perdiendo dinero, pero si lo piensas bien, lo que realmente estamos haciendo es construir un puente hacia un mañana más seguro y estable. Y ese es un precio que, aunque nos cueste, vale la pena pagar.

# El Sistema Fiscal al Descubierto

El sistema fiscal es como una red invisible que conecta a todos los ciudadanos con el gobierno. Aunque muchas veces parece complicado y abrumador, en realidad su funcionamiento se reduce a una idea básica: las personas y las empresas generan ingresos, y una parte de ese dinero se utiliza para financiar los servicios y proyectos que benefician a la sociedad. El problema es que esa red invisible no siempre se entiende fácilmente, y lo que debería ser un proceso claro puede sentirse como un juego con reglas ocultas. Por eso, conocer cómo funciona el sistema fiscal es clave para tomar mejores decisiones con tu dinero y para evitar errores costosos.

Primero, es importante saber que el sistema fiscal se organiza en torno a diferentes tipos de impuestos. Hay impuestos directos, como el impuesto sobre la renta, que se aplican directamente a lo que ganas. Luego están los impuestos indirectos, como los impuestos al consumo, que pagas cuando compras bienes o servicios. También existen impuestos específicos, como los de propiedad, que dependen de lo que posees, ya sea una casa, un auto o incluso acciones en una empresa. Cada uno de estos impuestos tiene una finalidad específica y un conjunto de reglas que los regula. Y aunque a veces se sienten como una carga, están diseñados para distribuir el costo del funcionamiento del gobierno entre todos.

El corazón del sistema fiscal es el impuesto sobre la renta, que probablemente sea el que más sientas en tu día a día. Este impuesto se basa en tus ingresos, y mientras más ganas, más pagas, al menos en teoría. La clave aquí es entender que no todo el dinero que ganas está sujeto a impuestos. Existen deducciones, exenciones y créditos fiscales que pueden reducir la cantidad de ingresos que realmente se considera gravable. Por ejemplo, si pagas intereses por un préstamo hipotecario o si tienes gastos médicos significativos, podrías usar esas cifras para disminuir lo que debes pagar al final del año. Este es un punto donde mucha gente pierde oportunidades porque no entiende cómo aprovechar estas herramientas legales.

Luego están los impuestos al consumo, como el IVA o impuestos sobre bienes específicos, como el alcohol o la gasolina. Estos impuestos no dependen de cuánto ganas, sino de cuánto gastas y en qué lo gastas. Lo interesante de los impuestos al consumo es que afectan a todos por igual, independientemente de sus ingresos, porque cada vez que compras algo, estás contribuyendo al sistema. Aunque pueden parecer menos visibles, al final del día representan una parte significativa de lo que el gobierno recauda. Y aquí es donde la planificación personal entra en juego: saber cómo gastas tu dinero puede ayudarte a minimizar el impacto de estos impuestos en tu presupuesto.

Por otro lado, están los impuestos a la propiedad y al patrimonio. Si posees una casa, probablemente estés familiarizado con los impuestos prediales. Este tipo de impuestos son esenciales para financiar servicios locales, como la recolección de basura, el mantenimiento de parques y la seguridad pública. Aunque no siempre es evidente, lo que pagas en este tipo de impuestos tiene un impacto directo en la calidad de los servicios que recibes en tu comunidad. Por eso, es importante saber cómo se calcula este impuesto y qué opciones tienes para reducirlo si es posible.

El sistema fiscal también incluye impuestos sobre actividades específicas, como los negocios o las inversiones. Si tienes un negocio, el sistema fiscal puede parecer especialmente intimidante. Hay impuestos sobre las ventas, sobre las ganancias y, en algunos casos, sobre los bienes que importas o exportas. Pero al mismo tiempo, los dueños de negocios tienen acceso a una gran variedad de deducciones fiscales que pueden reducir significativamente lo que deben pagar. Esto significa que si entiendes las reglas, puedes convertir el sistema fiscal en un aliado en lugar de un obstáculo.

Ahora bien, lo que hace que el sistema fiscal sea complejo no son los impuestos en sí, sino las reglas y excepciones que los acompañan. Cada país tiene su propia legislación fiscal, y dentro de cada país, puede haber diferentes leyes a nivel estatal, regional o local. Esto puede hacer que incluso las personas más organizadas sientan que nunca están completamente al día con sus obligaciones fiscales. Sin embargo, hay algo que debes recordar: el sistema fiscal no está diseñado para atraparte, está diseñado para recaudar dinero de manera eficiente. Si dedicas tiempo a aprender cómo funciona y buscas asesoría cuando lo necesites, puedes navegarlo con éxito.

Finalmente, el sistema fiscal es una herramienta poderosa que afecta a todos, pero que también ofrece oportunidades para quienes saben cómo manejarlo. No se trata solo de pagar lo que debes, sino de entender cómo puedes optimizar tus ingresos y tus gastos para aprovechar al máximo las reglas que existen. Al final, el objetivo no es solo cumplir con tus obligaciones, sino hacerlo de manera inteligente, para que puedas construir una vida financiera más sólida mientras contribuyes al bienestar de la sociedad en la que vives. Con un poco de conocimiento y planificación, el sistema fiscal puede dejar de ser un enemigo y convertirse en una herramienta útil para tu futuro.

# La Declaración de Impuestos Sin Misterios

Hacer la declaración de impuestos puede sentirse como una tarea titánica, llena de términos técnicos y formularios interminables. Muchas personas se estresan solo de pensar en ella, pero la verdad es que no tiene que ser tan complicado. La declaración de impuestos es simplemente un informe que le das al gobierno para demostrar cuánto ganaste en el año, cuánto ya pagaste en impuestos y si te corresponde pagar más o recibir un reembolso. Es como hacer un resumen financiero de tu vida en el último año, y aunque pueda parecer tedioso, es esencial para mantener tus finanzas en regla y evitar problemas en el futuro.

El primer paso para quitarle el misterio a la declaración de impuestos es saber qué información necesitas. Todo comienza con tus ingresos. Si eres empleado, seguramente recibes un documento anual de tu empresa que detalla cuánto ganaste y cuánto se retuvo en impuestos. Si eres independiente, probablemente tendrás que recopilar facturas, recibos y cualquier otro registro que muestre cuánto dinero generaste. También necesitas tener a la mano información sobre tus gastos, especialmente si algunos de ellos pueden ser deducibles. Esto incluye cosas como gastos médicos, intereses de hipotecas, donaciones a organizaciones benéficas e incluso gastos relacionados con tu trabajo o negocio.

Uno de los errores más comunes al hacer la declaración de impuestos es no saber qué puedes deducir. Aquí es donde muchas personas pierden dinero. Una deducción fiscal reduce la cantidad de tus ingresos que está sujeta a impuestos, lo que significa que podrías pagar menos. Por ejemplo, si tuviste gastos médicos significativos, es posible que puedas usarlos para reducir tu ingreso imponible. Lo mismo aplica si pagaste por cursos o capacitaciones relacionadas con tu trabajo. El secreto está en conocer las reglas y asegurarte de guardar todos los comprobantes necesarios. Nunca sabes cuándo el gobierno podría pedirte pruebas.

Otro punto clave es entender la diferencia entre créditos fiscales y deducciones. Mientras que las deducciones reducen tu ingreso imponible, los créditos fiscales son aún más poderosos porque se restan directamente de la cantidad de impuestos que debes pagar. Por ejemplo, si debes 1000 dólares en impuestos y tienes un crédito fiscal de 200 dólares, solo pagarás 800 dólares. Algunos créditos son reembolsables, lo que significa que incluso si no debes nada en impuestos, podrías recibir dinero de vuelta. Investigar qué créditos fiscales están disponibles para tu situación puede ahorrarte una cantidad significativa de dinero.

Cuando tienes toda tu información lista, el siguiente paso es elegir cómo presentar tu declaración. Hoy en día, existen varias opciones. Puedes hacerla por tu cuenta utilizando un software especializado, contratar a un contador o incluso presentarla manualmente en algunos casos. La ventaja de los programas de software es que suelen ser fáciles de usar y están diseñados para guiarte paso a paso. Por otro lado, un contador puede ser una gran ayuda si tus finanzas son más complicadas, como cuando tienes varias fuentes de ingresos, un negocio propio o inversiones complejas. Aunque contratar a un profesional puede costar dinero, a menudo el ahorro que logras gracias a su experiencia compensa ese gasto.

Un aspecto que muchas personas olvidan es revisar su declaración antes de enviarla. Cometer errores puede salir caro, ya sea porque termines pagando de más o porque el gobierno te pida correcciones, lo que puede generar multas o intereses. Asegúrate de que todos los números sean correctos, que hayas incluido toda la información necesaria y que no hayas olvidado ningún crédito o deducción que puedas reclamar. Tómate tu tiempo para hacer esta revisión final, porque es mejor hacerlo bien desde el principio que tener que corregirlo después.

Otro tema importante es saber qué hacer si no puedes pagar los impuestos que debes. Muchas personas entran en pánico al darse cuenta de que la cantidad que deben es mayor de lo que esperaban, pero hay soluciones. La mayoría de los gobiernos ofrecen opciones de pago a plazos o planes de financiamiento para que puedas liquidar tu deuda sin arruinarte. Lo más importante es no ignorar el problema. Comunicarse con las autoridades fiscales y llegar a un acuerdo es siempre una mejor opción que dejar que la deuda crezca con intereses y multas.

Por último, pero no menos importante, guarda toda la documentación relacionada con tu declaración de impuestos. Aunque pueda parecer innecesario, es crucial tener un registro de todo lo que presentaste por si alguna vez necesitas justificarlo. Generalmente, se recomienda conservar estos documentos durante al menos cinco años, pero esto puede variar según las leyes de tu país. Tener un archivo organizado con toda tu información fiscal puede ahorrarte muchos dolores de cabeza en el futuro.

La declaración de impuestos no tiene por qué ser un misterio ni una carga insuperable. Es simplemente una parte del sistema que nos permite vivir en una sociedad organizada y con servicios públicos. Entender cómo funciona, qué necesitas y cuáles son tus derechos puede transformar una tarea que parece intimidante en algo mucho más manejable. Y lo mejor de todo es que, al hacer las cosas bien, puedes aprovechar las oportunidades legales para reducir tu carga fiscal y maximizar tus ingresos. Al final del día, se trata de tomar el control de tus finanzas y usar el sistema fiscal a tu favor.

# Tu Mejor Aliado

Cuando escuchas la palabra "impuestos", probablemente pienses en una carga, un costo o incluso en algo que prefieres evitar a toda costa. Pero, ¿y si te dijera que el sistema fiscal podría convertirse en tu mejor aliado? Puede sonar extraño, casi contradictorio, pero entender cómo funcionan los impuestos y aprender a usarlos a tu favor puede cambiar completamente la manera en la que ves tus finanzas. El truco está en dejar de verlos como un enemigo y empezar a considerarlos como una herramienta que, si sabes manejar, puede ayudarte a alcanzar tus metas financieras.

El primer paso para transformar los impuestos en un aliado es cambiar la mentalidad. Muchas personas ven los impuestos únicamente como dinero que se va y nunca regresa. Pero lo cierto es que el sistema fiscal está lleno de oportunidades si sabes dónde buscar. Hay deducciones, créditos, beneficios y estrategias diseñadas para personas y negocios que entienden cómo aprovecharlos. Si estás dispuesto a invertir algo de tiempo y esfuerzo en educarte, pronto te darás cuenta de que puedes reducir lo que pagas y, al mismo tiempo, sacar ventaja de las reglas existentes.

Una de las formas más efectivas de hacer que el sistema fiscal trabaje para ti es a través de la planificación. No se trata solo de presentar tu declaración una vez al año y olvidarte del tema. La verdadera clave está en planificar durante todo el año. Por ejemplo, si sabes que algunos gastos son deducibles, puedes tomar decisiones más inteligentes sobre cómo y cuándo gastar. Si estás pensando en hacer una donación a una causa que te importa, hacerlo antes de que termine el año fiscal podría ayudarte a reducir tu carga impositiva. Lo mismo aplica para invertir en tu educación o en mejoras para tu negocio. Planificar con anticipación te permite aprovechar cada oportunidad y minimizar el impacto de los impuestos en tu bolsillo.

Otro aspecto importante es conocer las deducciones y créditos fiscales que aplican a tu situación. Por ejemplo, muchas personas no saben que los gastos médicos pueden ser deducibles en ciertos casos, o que invertir en energías renovables para tu hogar podría darte acceso a créditos fiscales. Si eres dueño de un negocio, las posibilidades son aún mayores. Desde gastos de oficina hasta inversiones en tecnología, el sistema fiscal está diseñado para apoyar a quienes generan empleo y contribuyen a la economía. La clave está en conocer qué beneficios están disponibles y asegurarte de cumplir con los requisitos para aprovecharlos.

Si tienes un negocio propio, el sistema fiscal puede ser tu mejor aliado para crecer y expandirte. Por ejemplo, los gastos relacionados con la operación de tu negocio, como el alquiler, los suministros, los equipos y hasta algunos viajes, pueden ser deducibles. Esto significa que no solo estás invirtiendo en el crecimiento de tu empresa, sino que también estás reduciendo la cantidad de ingresos gravables. Además, muchas jurisdicciones ofrecen incentivos fiscales específicos para ciertos sectores, como la tecnología o la agricultura. Investigar qué programas existen en tu área puede abrirte puertas que ni siquiera sabías que estaban allí.

El ahorro para el retiro es otro ejemplo perfecto de cómo los impuestos pueden trabajar a tu favor. En muchos países, las contribuciones a cuentas de ahorro para el retiro son deducibles de impuestos, lo que significa que puedes reducir tu ingreso imponible mientras aseguras tu futuro financiero. Además, algunos gobiernos ofrecen incentivos adicionales, como igualar una parte de tus contribuciones. Esto no solo es una forma inteligente de ahorrar, sino que también es una manera efectiva de reducir lo que pagas en impuestos hoy.

Una herramienta que a menudo se pasa por alto son las exenciones fiscales. Si tienes dependientes, como hijos o padres mayores, es posible que califiques para exenciones que reduzcan significativamente tu ingreso imponible. Estas exenciones están diseñadas para aliviar la carga de quienes tienen responsabilidades adicionales, y no aprovecharlas sería como dejar dinero sobre la mesa. Asegúrate de incluir todos los detalles relevantes al hacer tu declaración para maximizar los beneficios que puedes obtener.

Por supuesto, no tienes que hacerlo todo solo. Trabajar con un profesional, como un contador o un asesor fiscal, puede marcar una gran diferencia. Estos expertos están entrenados para identificar oportunidades que tal vez no sean obvias para ti y pueden ayudarte a construir una estrategia fiscal que se ajuste a tus necesidades específicas. Aunque contratar a un profesional puede parecer un gasto adicional, a menudo se traduce en ahorros mucho mayores a largo plazo. Un buen asesor no solo te ayudará a cumplir con tus obligaciones legales, sino que también te enseñará a usar el sistema fiscal a tu favor.

Finalmente, recuerda que el conocimiento es poder. Mientras más sepas sobre cómo funciona el sistema fiscal, mejor equipado estarás para tomar decisiones inteligentes. No necesitas convertirte en un experto, pero sí es importante entender los conceptos básicos y estar al tanto de los cambios en las leyes fiscales. Incluso pequeños ajustes, como guardar recibos o aprovechar una deducción que desconocías, pueden tener un impacto significativo en tu economía personal.

Los impuestos no tienen que ser un enemigo. Al contrario, pueden ser una herramienta poderosa para ayudarte a construir una vida financiera más estable y exitosa. Todo comienza con un cambio de perspectiva y un compromiso de aprender cómo aprovechar las oportunidades que están a tu alcance. Cuando lo haces, dejas de sentir que el sistema fiscal está en tu contra y empiezas a verlo como un aliado que te impulsa hacia tus objetivos. Porque al final del día, no se trata de cuánto ganas, sino de cómo usas lo que tienes para crear un futuro mejor.

# Dinero Extra en tu Bolsillo

¿Quién no quiere tener un poco de dinero extra en el bolsillo? Es una idea atractiva, pero para muchos parece un sueño lejano. Sin embargo, lo que pocos saben es que el sistema fiscal, con todas sus reglas y excepciones, puede ser una herramienta poderosa para ayudarte a conservar más de tu dinero. No se trata de hacer magia ni de encontrar atajos ilegales; se trata de conocer tus derechos, aprovechar las oportunidades que el sistema te ofrece y, en esencia, jugar inteligentemente con las reglas del juego.

Una de las formas más efectivas de poner dinero extra en tu bolsillo es conocer a fondo las deducciones fiscales que puedes aplicar en tu declaración de impuestos. Por ejemplo, si tienes un empleo regular y gastas dinero en transporte, uniformes o herramientas necesarias para desempeñar tu trabajo, es posible que puedas deducir esos costos. Si trabajas desde casa, incluso podrías deducir una parte de tus servicios básicos, como electricidad e internet, siempre y cuando tengas un espacio designado exclusivamente para trabajar. Aunque pueda parecer insignificante, todas estas pequeñas deducciones suman, y al final del año podrías sorprenderte con cuánto lograste ahorrar.

Otro aspecto que muchas personas pasan por alto es el potencial de los créditos fiscales. Mientras que las deducciones reducen tu ingreso imponible, los créditos fiscales son aún más valiosos porque reducen directamente la cantidad de impuestos que debes pagar. Algunos créditos están diseñados específicamente para ciertos grupos, como padres de familia, estudiantes o personas que invierten en energías renovables. Por ejemplo, si tienes hijos, podrías calificar para un crédito por cada uno de ellos, lo que podría representar un alivio significativo en tu factura fiscal. Investigar los créditos disponibles y asegurarte de cumplir con los requisitos puede marcar la diferencia entre recibir un reembolso o tener que pagar.

Si eres dueño de un negocio, tienes aún más oportunidades de poner dinero extra en tu bolsillo. Muchas veces, los gastos relacionados con tu negocio son deducibles. Esto incluye cosas como el alquiler de tu oficina, los salarios que pagas a tus empleados, los equipos que compras e incluso algunos viajes de negocios. Pero aquí está el truco: necesitas llevar un registro detallado y organizado de todos tus gastos. No basta con saber que puedes deducir algo; necesitas los recibos, las facturas y cualquier otro documento que respalde tus declaraciones. La organización es clave para asegurarte de aprovechar cada deducción legítima sin temor a problemas futuros.

La inversión es otra herramienta poderosa que puede ayudarte a conservar más dinero. En muchos países, existen incentivos fiscales para las personas que invierten en su futuro, como las contribuciones a fondos de retiro o las cuentas de ahorro para la educación de sus hijos. Estas contribuciones no solo te ayudan a prepararte para el futuro, sino que también pueden reducir tu ingreso imponible en el presente. Esto significa que, además de estar ahorrando, estás pagando menos impuestos, lo cual es un doble beneficio.

Si trabajas como freelance o tienes un negocio propio, considera la posibilidad de estructurar tus ingresos de manera que optimices tus impuestos. Por ejemplo, en lugar de recibir todo tu ingreso como salario, podrías optar por establecer una pequeña empresa y pagarte un salario más bajo, dejando el resto como ganancias de la empresa. Las empresas suelen tener acceso a deducciones y beneficios fiscales que no están disponibles para las personas físicas, por lo que esta estrategia puede ser muy efectiva si se implementa correctamente. Por supuesto, esto requiere planificación y asesoría profesional, pero puede ser una forma poderosa de conservar más dinero.

Otra estrategia es ajustar tu retención de impuestos. Si eres empleado, probablemente estás familiarizado con la idea de que tu empleador retiene una parte de tu salario para pagar impuestos. Sin embargo, muchas personas permiten que se retenga demasiado, lo que resulta en un gran reembolso al final del año. Aunque recibir un cheque grande puede ser emocionante, en realidad, lo que estás haciendo es prestar dinero al gobierno sin cobrar intereses. Ajustar tu retención para que sea más precisa significa que tendrás más dinero en tu bolsillo cada mes, lo que te da mayor flexibilidad financiera durante todo el año.

Un tema que no puedes ignorar es el ahorro a largo plazo a través de las inversiones fiscales inteligentes. Algunas jurisdicciones ofrecen incentivos para las personas que invierten en ciertos sectores, como la tecnología verde o la investigación y desarrollo. Si tienes los recursos para invertir, estos incentivos no solo te permiten crecer tu dinero, sino que también te ayudan a reducir tu carga fiscal. Es una estrategia que requiere un poco más de conocimiento y, en algunos casos, asesoría profesional, pero puede ser una forma muy efectiva de maximizar tus ingresos.

Finalmente, no olvides el poder de educarte constantemente sobre el sistema fiscal. Las leyes cambian, y lo que funciona este año puede no funcionar el siguiente. Mantenerte informado y estar al tanto de las nuevas oportunidades fiscales es una forma de asegurarte de que siempre estás aprovechando al máximo el sistema. Esto puede implicar leer artículos, tomar cursos básicos de finanzas o simplemente dedicar tiempo a revisar tus opciones con un asesor fiscal.

Poner dinero extra en tu bolsillo no es una cuestión de suerte ni de magia. Es el resultado de tomar decisiones informadas, planificar con anticipación y aprovechar las oportunidades que el sistema fiscal te ofrece. Cuando te tomas el tiempo para entender cómo funcionan los impuestos y aplicas estrategias inteligentes, no solo cumples con tus obligaciones legales, sino que también te das la oportunidad de construir una vida financiera más estable y exitosa. Porque al final del día, cada centavo cuenta, y cada estrategia que uses te acerca un poco más a tus metas financieras.

# Planeación Fiscal Inteligente

La planeación fiscal inteligente no es un concepto reservado para los grandes empresarios ni para quienes tienen un equipo de asesores financieros a su disposición. Es algo que cualquier persona puede implementar, sin importar sus ingresos, siempre que esté dispuesta a entender cómo funcionan los impuestos y a tomar decisiones estratégicas durante el año. Es como jugar un juego de ajedrez: necesitas conocer las reglas, anticipar los movimientos y pensar a futuro para maximizar tus recursos y minimizar los riesgos.

La esencia de la planeación fiscal es sencilla: anticiparse. Muchas personas cometen el error de dejar todo para el último momento, enfrentándose al estrés y la presión cuando llega el momento de hacer la declaración de impuestos. Esto no solo aumenta las posibilidades de cometer errores, sino que también limita tu capacidad para aprovechar deducciones, créditos y otras oportunidades fiscales. Una planificación bien hecha no empieza en enero ni termina en abril. Es un esfuerzo continuo que se lleva a cabo a lo largo del año, ajustándose a tus circunstancias y objetivos financieros.

El primer paso para una planeación fiscal inteligente es entender tu situación actual. Esto incluye conocer tus ingresos, tus gastos y cómo se calculan tus impuestos. Si trabajas para una empresa, es fundamental saber cuánto te retienen de tu salario y si esa cantidad es suficiente para cubrir tu obligación fiscal anual. Si eres independiente o tienes un negocio, necesitas llevar un registro detallado de todos tus ingresos y gastos, ya que esto será la base para determinar cuánto debes pagar. Sin esta claridad, cualquier intento de planificación será como caminar a ciegas.

Una herramienta clave en la planeación fiscal es el presupuesto. Aunque muchas personas lo ven como algo aburrido o innecesario, un buen presupuesto te permite identificar áreas donde puedes ahorrar y ajustar tus gastos para maximizar tus beneficios fiscales. Por ejemplo, si sabes que ciertas compras o inversiones son deducibles, puedes priorizarlas en tu presupuesto y asegurarte de realizar estas transacciones antes de que termine el año fiscal. Esto no solo te ayuda a cumplir con tus objetivos financieros, sino que también reduce la cantidad de ingresos gravables que reportarás.

Otra parte esencial de la planeación fiscal es identificar las deducciones y créditos fiscales que están disponibles para ti. Esto no es algo que debas dejar al azar ni asumir que tu contador lo hará por ti. Dedica tiempo a investigar cuáles son las deducciones comunes para tu situación, como gastos médicos, donaciones caritativas, intereses hipotecarios o costos relacionados con tu trabajo. Si tienes un negocio, las oportunidades son aún mayores, ya que puedes deducir desde el alquiler de tu oficina hasta los costos de marketing y los viajes de negocios. Asegúrate de guardar todos los recibos y documentos necesarios para respaldar tus deducciones.

Los créditos fiscales también merecen tu atención, ya que tienen un impacto directo en la cantidad de impuestos que debes pagar. Algunos créditos, como los relacionados con la educación, los hijos o las inversiones en energías renovables, pueden marcar una gran diferencia en tu factura fiscal. Sin embargo, muchos de estos beneficios tienen requisitos específicos, por lo que es importante entenderlos y asegurarte de cumplirlos antes de intentar reclamarlos.

Si tienes un negocio o estás considerando iniciar uno, estructurar tus ingresos y gastos de manera estratégica puede ser una de las formas más efectivas de reducir tu carga fiscal. Por ejemplo, podrías adelantar ciertos gastos al final del año fiscal para aumentar tus deducciones o diferir ingresos al año siguiente para distribuir tu carga fiscal en el tiempo. Estas estrategias requieren planificación y, en algunos casos, asesoría profesional, pero pueden ser muy efectivas si se ejecutan correctamente.

Otra estrategia poderosa en la planeación fiscal es invertir en tu futuro. Las contribuciones a cuentas de ahorro para el retiro, planes de pensiones o cuentas de ahorro para la educación no solo te ayudan a alcanzar tus metas a largo plazo, sino que también pueden ofrecer beneficios fiscales inmediatos. En muchos casos, estas contribuciones son deducibles de impuestos, lo que significa que estás ahorrando para el futuro mientras reduces tus obligaciones fiscales actuales. Además, muchos gobiernos ofrecen incentivos adicionales para fomentar estas inversiones, lo que aumenta aún más el beneficio.

Un aspecto que a menudo se pasa por alto en la planeación fiscal es el impacto de las inversiones. Si tienes acciones, bienes raíces u otros activos, necesitas entender cómo las ganancias y pérdidas de estas inversiones afectan tu situación fiscal. En algunos casos, puedes utilizar las pérdidas de tus inversiones para compensar las ganancias y reducir tu ingreso imponible. Este es un campo más técnico, pero con un poco de investigación o la ayuda de un asesor financiero, puedes incorporar esta estrategia en tu plan fiscal.

El seguro también puede jugar un papel importante en la planeación fiscal. Algunas pólizas, como los seguros de vida con ahorro o los planes de salud, ofrecen beneficios fiscales que podrían ayudarte a reducir tus impuestos mientras proteges a tu familia o tu patrimonio. Aunque estos productos pueden no ser para todos, vale la pena considerarlos como parte de tu estrategia general.

La clave para que todo esto funcione es la organización. No basta con tener buenas intenciones; necesitas un sistema para llevar un registro de tus ingresos, gastos, deducciones y créditos. Esto puede ser tan sencillo como usar una hoja de cálculo o tan avanzado como un software especializado. Lo importante es que tengas acceso rápido y fácil a toda la información que necesitas, especialmente cuando llegue el momento de hacer tu declaración de impuestos.

Por último, pero no menos importante, no subestimes el valor de contar con un asesor fiscal o contador de confianza. Aunque puedes aprender mucho sobre el sistema fiscal por tu cuenta, un profesional puede ayudarte a identificar oportunidades que quizás no habías considerado y asegurarse de que estás cumpliendo con todas las regulaciones. Este apoyo es especialmente valioso si tus finanzas son complejas o si estás buscando implementar estrategias más avanzadas.

La planeación fiscal inteligente no es un lujo ni un misterio reservado para unos pocos. Es una práctica que cualquiera puede adoptar para tomar el control de sus finanzas, reducir su carga fiscal y maximizar sus recursos. Con un poco de esfuerzo y dedicación, puedes convertir lo que antes parecía un sistema intimidante en una herramienta que trabaje a tu favor. Porque, al final del día, la planeación fiscal no se trata solo de pagar menos impuestos; se trata de usar el dinero que ganas de manera más inteligente y estratégica para construir el futuro que deseas.

# Cómo Elegir la Estructura Correcta

Elegir la estructura correcta para tu negocio es una de las decisiones más importantes que tomarás, no solo porque define cómo operará tu empresa, sino porque también tiene un impacto directo en tus impuestos, tus responsabilidades legales y la manera en que manejas tus ingresos. Si bien este tema puede parecer complicado al principio, la verdad es que, con un poco de claridad y conocimiento, puedes encontrar la opción que mejor se adapte a tus necesidades y objetivos. El secreto está en analizar tus circunstancias actuales, tus planes a futuro y, sobre todo, en entender cómo cada estructura afecta tu vida financiera.

Cuando decides iniciar un negocio, una de las primeras preguntas que surgen es qué tipo de estructura legal deberías elegir. Las opciones varían dependiendo del país, pero generalmente incluyen figuras como empresario individual, sociedad de responsabilidad limitada, sociedad anónima o cooperativa, entre otras. Cada una de estas estructuras tiene sus propias reglas, ventajas y desventajas, por lo que no existe una respuesta universal. La clave es elegir la que mejor se alinee con tus metas.

La opción más sencilla y común es operar como empresario individual, también conocido como trabajador autónomo en algunos países. Este modelo es ideal si estás comenzando solo, sin socios ni empleados, y buscas mantener las cosas simples. Como empresario individual, no necesitas crear una entidad legal separada, lo que significa que tú y tu negocio son considerados la misma entidad a efectos fiscales y legales. Esto simplifica mucho los trámites, pero también significa que eres personalmente responsable de todas las deudas y obligaciones de tu negocio. En términos de impuestos, los ingresos de tu negocio se suman directamente a tu declaración personal, lo cual puede ser beneficioso si tus ganancias iniciales son modestas, pero puede volverse costoso a medida que creces, ya que podrías terminar pagando tasas más altas.

Si planeas trabajar con socios o necesitas limitar tu responsabilidad personal, podrías considerar formar una sociedad de responsabilidad limitada. Este modelo es muy popular porque separa tus finanzas personales de las del negocio, lo que significa que, en la mayoría de los casos, no serás personalmente responsable de las deudas de la empresa. Esto protege tus bienes personales, como tu casa o tus ahorros, en caso de que el negocio enfrente problemas financieros. Además, una sociedad de responsabilidad limitada puede ofrecer ventajas fiscales, ya que en algunos casos permite distribuir las ganancias de manera más eficiente entre los socios, optimizando así la carga fiscal total.

Otra opción interesante, especialmente si planeas escalar tu negocio y atraer inversionistas, es formar una sociedad anónima. Este modelo crea una entidad completamente separada de sus propietarios, lo que significa que el negocio puede emitir acciones, contratar empleados y tomar decisiones de manera independiente. A nivel fiscal, las sociedades anónimas suelen estar sujetas a impuestos corporativos, lo que puede ser una ventaja o una desventaja dependiendo de las tasas fiscales aplicables y de cómo decidas distribuir las ganancias. Por ejemplo, si decides reinvertir las utilidades en lugar de repartirlas como dividendos, podrías reducir significativamente tu carga fiscal. Sin embargo, las sociedades anónimas también conllevan más papeleo y costos administrativos, por lo que no siempre son la mejor opción para negocios pequeños o en etapa inicial.

En algunos casos, especialmente si tu negocio tiene un propósito social o comunitario, podrías considerar formar una cooperativa. Este modelo está diseñado para beneficiar a todos sus miembros en lugar de maximizar las ganancias. Las cooperativas suelen recibir beneficios fiscales en muchos países, pero tienen reglas más estrictas sobre cómo se distribuyen las ganancias y cómo se toman las decisiones. Este modelo puede ser ideal si estás trabajando en un proyecto colaborativo con personas que comparten tus valores y objetivos.

Además de las estructuras mencionadas, también existen híbridos y variaciones que combinan características de varios modelos. Por ejemplo, en algunos países puedes formar una empresa unipersonal con responsabilidad limitada, que ofrece la simplicidad de ser autónomo pero con la protección legal de una sociedad de responsabilidad limitada. Este tipo de opciones son excelentes para emprendedores que buscan un equilibrio entre simplicidad y protección.

Independientemente de la estructura que elijas, hay algunas preguntas clave que debes hacerte para tomar una decisión informada. ¿Qué nivel de responsabilidad personal estás dispuesto a asumir? ¿Qué tan grande planeas que sea tu negocio en los próximos cinco o diez años? ¿Cómo deseas manejar los impuestos? ¿Planeas trabajar solo o con socios? ¿Tendrás empleados? Todas estas preguntas te ayudarán a identificar qué estructura se alinea mejor con tus necesidades y aspiraciones.

También es importante considerar los costos iniciales y el tiempo que tomará establecer la estructura que elijas. Algunas opciones, como operar como empresario individual, son muy rápidas y económicas de configurar. Otras, como una sociedad anónima, requieren más trámites legales, costos de registro y un nivel más alto de mantenimiento administrativo. Si bien estos costos pueden parecer un obstáculo al principio, es crucial pensar a largo plazo. A veces, gastar un poco más al principio puede ahorrarte mucho dinero y problemas en el futuro.

Por último, nunca subestimes el valor de contar con asesoramiento profesional. Un abogado o contador con experiencia puede ayudarte a evaluar tus opciones y asegurarte de que entiendes completamente las implicaciones fiscales y legales de cada estructura. Aunque contratar a un profesional puede parecer un gasto adicional, en realidad es una inversión que te ayudará a evitar errores costosos y a optimizar tus operaciones desde el principio.

Elegir la estructura correcta no es solo una cuestión de cumplir con las regulaciones legales; es una estrategia que puede ayudarte a maximizar tus ingresos, reducir tus impuestos y proteger tus activos. Al tomarte el tiempo para analizar tus opciones y tomar una decisión informada, estás construyendo una base sólida para el éxito de tu negocio, no solo en el presente, sino también en el futuro. Porque, al final del día, la estructura correcta no es solo un conjunto de documentos legales; es una herramienta poderosa que puede marcar la diferencia entre un negocio que apenas sobrevive y uno que prospera.

# Las Consecuencias de Evadir Impuestos

Evadir impuestos puede parecer, para algunas personas, una manera rápida y sencilla de ahorrar dinero. Tal vez piensen que el gobierno no notará una factura omitida o un ingreso no declarado, o que incluso si lo hacen, las consecuencias serán mínimas. Sin embargo, esta percepción no podría estar más lejos de la realidad. Evadir impuestos no solo es ilegal, sino que también puede desencadenar una serie de consecuencias graves que afectan tanto a nivel personal como profesional. Lo peor es que muchas de estas consecuencias no solo implican sanciones económicas, sino que también pueden arruinar tu reputación y tus posibilidades futuras.

Primero, hablemos de las multas. Los sistemas fiscales de la mayoría de los países tienen políticas muy estrictas en contra de la evasión de impuestos, y una de las primeras consecuencias que enfrentarás si te descubren es una multa significativa. Estas multas no son pequeñas; en muchos casos, pueden ser un porcentaje considerable del monto no declarado, más intereses acumulados por el tiempo que pasó desde que debiste haber pagado. Incluso si logras corregir tu error y pagar los impuestos atrasados, los intereses y las sanciones pueden elevar el total a una cifra que sobrepase tus cálculos iniciales. Esto no solo puede desequilibrar tus finanzas, sino que también puede poner en riesgo tus bienes personales si no tienes los recursos suficientes para pagar.

Además de las multas, está el riesgo de enfrentar cargos penales. En algunos casos, la evasión fiscal no se trata simplemente de errores o descuidos, sino de actos deliberados para ocultar ingresos o reportar información falsa. Cuando las autoridades fiscales detectan que una persona o empresa está actuando de manera intencional para evitar sus obligaciones, pueden iniciar procesos legales que incluyan cargos criminales. Esto significa que podrías enfrentarte no solo a multas y embargos, sino también a una posible condena que implique prisión. Imagina el impacto que esto tendría en tu vida: desde perder tu libertad hasta dañar tu reputación profesional y personal de una manera que podría ser difícil de reparar.

La pérdida de confianza es otra consecuencia devastadora de evadir impuestos. Si diriges un negocio, tus clientes, socios e inversionistas esperan que operes con integridad. Una vez que tu nombre aparece asociado con evasión fiscal, ese nivel de confianza puede desaparecer en un instante. Las personas prefieren trabajar con empresas y personas que cumplen con sus obligaciones, y una acusación de este tipo puede hacer que pierdas contratos importantes, te quedes sin apoyo financiero e incluso enfrentes boicots. En el mundo de los negocios, la confianza lo es todo, y una mancha en tu historial puede perseguirte durante años.

Otra consecuencia que a menudo se pasa por alto es el impacto emocional y psicológico. Vivir con el miedo constante de ser descubierto por las autoridades fiscales puede ser agotador. Este estrés puede afectar tu calidad de vida, tu salud mental e incluso tus relaciones personales. Las personas que han evadido impuestos a menudo describen la experiencia como vivir con una nube negra sobre sus cabezas, siempre esperando el momento en que alguien toque a su puerta para confrontarlos. Este nivel de ansiedad no vale ningún ahorro temporal que creas haber logrado.

También está el tema de los embargos y las auditorías. Cuando el gobierno descubre que no has pagado tus impuestos, tiene el derecho de tomar medidas drásticas para recuperar lo que les debes. Esto puede incluir embargar tu cuenta bancaria, confiscar bienes personales o incluso poner en subasta propiedades para cubrir el monto adeudado. Además, ser detectado como evasor de impuestos puede llevar a que las autoridades te coloquen bajo un escrutinio constante, sometiéndote a auditorías frecuentes que harán que cada aspecto de tus finanzas sea revisado minuciosamente. Esto no solo consume tiempo, sino que también genera un nivel de invasión en tu privacidad que pocas personas están dispuestas a tolerar.

Para las empresas, la evasión fiscal puede ser aún más desastrosa. Además de las multas y sanciones, un negocio que es descubierto evadiendo impuestos podría enfrentarse a la cancelación de su licencia operativa o ser clausurado de forma definitiva. Esto significa que no solo podrías perder tu fuente de ingresos, sino que también los empleados que dependen de tu empresa podrían quedar sin trabajo. La evasión fiscal no es un crimen sin víctimas; afecta a toda una red de personas que dependen de la estabilidad de tus operaciones.

A nivel social, la evasión fiscal tiene un impacto aún mayor. Cuando las personas o empresas no pagan lo que les corresponde, la carga fiscal se redistribuye entre quienes sí cumplen con sus obligaciones. Esto significa que tus vecinos, tus colegas y las futuras generaciones terminan pagando por las deficiencias que provoca la evasión. Además, la falta de ingresos fiscales afecta la capacidad del gobierno para financiar servicios esenciales como educación, salud, infraestructura y seguridad. Cuando decides no pagar impuestos, estás contribuyendo a un sistema menos equitativo y dejando que otros carguen con una responsabilidad que también te corresponde.

Una de las excusas más comunes que utilizan las personas para justificar la evasión fiscal es que creen que los impuestos son injustos o que el dinero no se utiliza correctamente. Aunque es cierto que siempre hay margen para mejorar cómo se administran los recursos públicos, esto no justifica la evasión. Existen canales legales para cuestionar y mejorar el sistema fiscal, desde involucrarte en iniciativas políticas hasta abogar por reformas. Pero evadir impuestos no solo es ilegal, sino que también perpetúa los problemas que intentas evitar.

La buena noticia es que siempre hay formas legales de optimizar tus impuestos y reducir tu carga fiscal sin caer en la evasión. Desde aprovechar deducciones y créditos fiscales hasta estructurar tus ingresos de manera estratégica, hay muchas maneras de cumplir con tus obligaciones y, al mismo tiempo, mantener más dinero en tu bolsillo. La clave está en ser proactivo, informarte y buscar asesoría profesional cuando sea necesario.

Evadir impuestos puede parecer una solución fácil en el corto plazo, pero las consecuencias son graves y duraderas. No solo te arriesgas a enfrentar multas, embargos y sanciones penales, sino que también puedes perder tu reputación, tu estabilidad financiera e incluso tu tranquilidad mental. Al final del día, pagar impuestos no solo es una obligación legal, sino también una responsabilidad social que nos beneficia a todos. Aceptar esta realidad y actuar con integridad no solo te evitará problemas, sino que también te permitirá construir un futuro más sólido y libre de preocupaciones.

# Cómo Reconocer un Esquema Ilegal

Los esquemas ilegales para evadir impuestos han existido desde que los gobiernos empezaron a recaudar dinero, y aunque con el tiempo las leyes han evolucionado para detectarlos y castigarlos, aún hay quienes intentan aprovecharse de vacíos legales o engañar a las autoridades para evitar pagar lo que les corresponde. Lo peligroso de estos esquemas es que muchas veces se presentan como estrategias financieras legítimas, con promesas de grandes ahorros fiscales y sin consecuencias aparentes. Pero la realidad es muy diferente. Quien cae en un esquema ilegal puede terminar enfrentando multas, sanciones penales e incluso prisión. Por eso, saber reconocerlos es fundamental para evitar problemas legales y proteger tu patrimonio.

Un indicador claro de que estás frente a un esquema ilegal es cuando alguien te promete que podrás eliminar tus impuestos por completo. Es cierto que existen estrategias legales para reducir la carga fiscal, pero ninguna permite que dejes de pagar impuestos por completo. Si alguien te dice que puede hacerlo, deberías sospechar de inmediato. Los impuestos son una obligación establecida por la ley, y cualquier método que busque eliminarlos en su totalidad casi siempre involucra falsificación de documentos, ocultamiento de ingresos o manipulación de la contabilidad, todas prácticas ilegales.

Otro signo de alerta es cuando un asesor o empresa te ofrece participar en una estructura que parece demasiado buena para ser cierta. Muchas veces, estos esquemas implican mover dinero a través de múltiples cuentas, empresas fantasma o incluso cuentas en el extranjero con la promesa de que serán invisibles para el gobierno. La realidad es que los gobiernos cada vez tienen más herramientas para rastrear movimientos financieros, especialmente con los acuerdos internacionales que permiten compartir información bancaria entre países. Si alguien te dice que puedes esconder ingresos simplemente depositándolos en una cuenta fuera del país, es muy probable que estés entrando en un esquema fraudulento.

También debes tener cuidado con cualquier estrategia que implique el uso de facturas falsas. Este es uno de los métodos más comunes utilizados por quienes intentan evadir impuestos, y aunque pueda parecer una práctica inofensiva, las autoridades fiscales han desarrollado sistemas cada vez más sofisticados para detectarlas. Una factura falsa es aquella que documenta una transacción que nunca ocurrió, generalmente con el propósito de inflar gastos y reducir impuestos a pagar. Si una empresa o persona te ofrece este tipo de facturas para disminuir tu carga fiscal, lo mejor que puedes hacer es alejarte de inmediato, porque participar en este tipo de fraude puede traer consecuencias severas, incluyendo cargos penales.

Otro esquema ilegal que debes aprender a reconocer es el uso de empresas pantalla o sociedades ficticias. Estas empresas se crean con el único propósito de simular operaciones y mover dinero de manera fraudulenta. Por fuera, pueden parecer negocios legítimos, pero en realidad no tienen empleados, clientes reales ni operaciones genuinas. Su única función es desviar ingresos, generar facturas falsas o esconder activos. Si alguna vez te ofrecen formar parte de una empresa que no tiene una actividad real pero promete ayudarte a reducir impuestos, debes saber que estás frente a un esquema fraudulento.

Algunos de los esquemas ilegales más sofisticados involucran el uso de fideicomisos o estructuras corporativas complejas para ocultar la verdadera propiedad de los ingresos o activos. Si bien los fideicomisos y estructuras empresariales pueden ser herramientas legítimas de planificación financiera, algunos promotores los utilizan para crear una falsa separación entre el contribuyente y sus bienes, con la intención de evitar el pago de impuestos. En la mayoría de los casos, las autoridades fiscales pueden rastrear estas estructuras y demostrar que en realidad los ingresos siguen perteneciendo al contribuyente original, lo que puede resultar en sanciones graves.

Otro esquema ilegal que debes evitar es la manipulación de retenciones de impuestos. Algunas empresas, en un intento de reducir costos, retienen impuestos a sus empleados o proveedores pero nunca los entregan al gobierno. Esto no solo es ilegal, sino que también puede generar serios problemas financieros para quienes dependen de esos pagos para sus futuras prestaciones o para evitar problemas fiscales propios. Si trabajas para una empresa que hace esto, podrías verte afectado sin siquiera darte cuenta, y si eres dueño de un negocio, caer en esta práctica puede llevarte a problemas legales serios.

El uso de identidades falsas o prestanombres es otra señal clara de un esquema ilegal. A veces, los evasores utilizan a familiares, amigos o incluso personas ficticias para abrir cuentas bancarias, registrar propiedades o recibir ingresos en su nombre, con la esperanza de que esto los haga invisibles a las autoridades fiscales. Pero los sistemas de control cada vez son más sofisticados y pueden detectar patrones sospechosos. Incluso si crees que nadie se dará cuenta, lo más probable es que tarde o temprano te descubran.

Otra señal de alerta es cuando te dicen que puedes reportar menos ingresos de los que realmente generaste. Algunos promotores de esquemas fraudulentos argumentan que las autoridades fiscales no pueden rastrear todos los ingresos y que es seguro declarar menos de lo que realmente ganaste. Sin embargo, los gobiernos tienen múltiples herramientas para identificar discrepancias entre lo que declaras y lo que realmente percibes. Desde el cruce de información bancaria hasta el acceso a registros de proveedores y clientes, las autoridades pueden detectar si tus ingresos reportados no coinciden con la realidad.

Si en algún momento te ofrecen una estrategia que requiere que escondas información, omitas datos en tu declaración o manipules registros, es una señal clara de que estás frente a un esquema ilegal. La mejor manera de evitar caer en estas trampas es mantener una política de transparencia total en tus declaraciones fiscales. Si una estrategia no puede explicarse de manera clara y sencilla, sin necesidad de ocultar nada, probablemente no sea legítima.

Es fundamental recordar que las consecuencias de participar en esquemas ilegales no solo afectan tu billetera, sino que pueden poner en riesgo tu libertad, tu reputación y tu estabilidad financiera a largo plazo. En muchos países, los delitos fiscales tienen penas de prisión, además de las sanciones económicas y el daño a tu historial crediticio y empresarial.

La mejor forma de protegerte es siempre buscar asesoría con profesionales de confianza. Un buen contador o abogado fiscalista nunca te sugerirá una estrategia que implique ocultar información o manipular cifras. Si en algún momento sientes que te están ofreciendo algo sospechoso, consulta con otro profesional antes de tomar una decisión. En temas fiscales, lo barato puede salir extremadamente caro.

Reconocer un esquema ilegal no solo te protege de problemas legales, sino que también te permite construir un futuro financiero sólido basado en la transparencia y la seguridad. Los impuestos pueden ser un tema complicado, pero hay muchas maneras legales de optimizarlos sin arriesgarte a caer en prácticas fraudulentas.

La clave está en estar informado, ser precavido y siempre actuar con integridad.

# Por Qué la Honestidad es Rentable

Muchas personas ven el pago de impuestos como un sacrificio innecesario, una obligación que les quita dinero que podrían gastar en otras cosas. Algunos incluso creen que encontrar la manera de pagar menos, aunque sea con métodos cuestionables, es una muestra de astucia financiera. Pero lo que no siempre se entiende es que la honestidad, en términos fiscales y financieros, no solo es un deber moral, sino también una estrategia rentable. Ser transparente con los impuestos y manejar las finanzas de manera ética tiene beneficios que van mucho más allá de evitar problemas legales. De hecho, puede convertirse en una ventaja competitiva que te permitirá crecer de manera estable y segura.

Uno de los mayores beneficios de la honestidad es la tranquilidad. No hay nada más estresante que vivir con el miedo constante de que en cualquier momento podrías recibir una auditoría, una sanción o incluso una acusación legal por evasión fiscal. Quienes intentan burlar al sistema pueden disfrutar de un alivio momentáneo al pagar menos impuestos, pero ese ahorro se convierte en una carga psicológica cuando el riesgo de ser descubiertos está siempre presente. En cambio, cuando manejas tus finanzas de manera clara y cumples con tus obligaciones fiscales, puedes concentrarte en hacer crecer tu negocio o tus ingresos sin la sombra de una posible investigación.

Desde una perspectiva financiera, ser honesto con los impuestos y las finanzas abre muchas puertas. Los bancos, inversionistas y socios comerciales prefieren trabajar con personas y empresas que tienen un historial limpio y transparente. Si necesitas un préstamo para expandir tu negocio, una hipoteca para comprar una propiedad o un inversionista que confíe en tu proyecto, lo primero que analizarán es tu historial fiscal y financiero. Si has estado ocultando ingresos o manipulando tus declaraciones, lo más probable es que no puedas demostrar estabilidad financiera, lo que reducirá drásticamente tus oportunidades. Por otro lado, si has manejado tus finanzas de manera ordenada y honesta, tendrás más facilidad para acceder a crédito y financiamiento en mejores condiciones.

Otro aspecto importante es la reputación. En el mundo de los negocios y las finanzas, la confianza lo es todo. Los clientes, proveedores y socios quieren hacer negocios con personas que sean confiables y que no representen un riesgo. Si tu nombre o el de tu empresa se ve envuelto en un escándalo por evasión fiscal o fraude, la confianza que has construido con los años puede derrumbarse en un instante. Recuperarse de un golpe reputacional puede ser extremadamente difícil y, en muchos casos, imposible. En cambio, ser reconocido como una persona o empresa que cumple con sus obligaciones y actúa con integridad te permitirá construir relaciones comerciales duraderas y beneficiosas.

La honestidad también te protege del crecimiento insostenible. Algunas empresas o personas que buscan evadir impuestos y manipular sus finanzas lo hacen para aparentar una solidez financiera que no es real. Este tipo de prácticas puede llevar a decisiones equivocadas, como asumir deudas que no pueden pagar o invertir en proyectos sin un respaldo financiero sólido. Con el tiempo, estas decisiones terminan generando problemas mayores y, en muchos casos, la quiebra. Cuando manejas tus finanzas de manera honesta, sabes exactamente cuánto dinero tienes, cuánto puedes invertir y cuál es el estado real de tu economía. Esto te permite tomar decisiones informadas y construir un crecimiento estable y sostenible.

Desde el punto de vista legal, cumplir con los impuestos y manejar las finanzas de manera correcta te evita problemas que pueden convertirse en pesadillas. Muchos creen que la evasión fiscal es solo un problema administrativo, pero en realidad, en muchos países es un delito grave que puede llevar a penas de prisión, embargos de bienes y sanciones que pueden acabar con el patrimonio de una persona o una empresa. Lo que al principio parece un simple ahorro puede terminar costando mucho más en multas, abogados y problemas legales. En cambio, quienes cumplen con sus obligaciones fiscales pueden dormir tranquilos, sabiendo que no enfrentarán problemas legales que puedan poner en riesgo su futuro.

La honestidad también fomenta una cultura de disciplina y organización. Manejar las finanzas de manera correcta requiere planificación, orden y estrategia, cualidades que son esenciales para el éxito en cualquier área. Cuando llevas un control adecuado de tus ingresos y gastos, entiendes mejor cómo funciona tu dinero y puedes encontrar maneras de optimizarlo sin necesidad de recurrir a prácticas ilegales. Las personas y empresas que tienen buenos hábitos financieros logran generar más riqueza a largo plazo porque tienen un control real sobre sus recursos y pueden tomar mejores decisiones.

Otro beneficio de la honestidad es que te permite aprovechar oportunidades fiscales legítimas. Muchas veces, quienes intentan evadir impuestos de manera ilegal desconocen que existen deducciones, incentivos y estrategias fiscales completamente legales que pueden reducir la carga tributaria sin necesidad de correr riesgos. Existen formas legales de optimizar los impuestos, desde deducciones por inversiones hasta beneficios por contribuciones sociales. Pero para acceder a estas oportunidades, es necesario estar dentro del marco legal y tener una contabilidad clara y ordenada.

A nivel social, ser honesto con los impuestos también contribuye al bienestar colectivo. Los impuestos financian servicios esenciales como salud, educación, seguridad e infraestructura, cosas que todos utilizamos y necesitamos. Si bien es cierto que no siempre estamos de acuerdo con la manera en que los gobiernos manejan los recursos, la evasión fiscal solo empeora el problema. Cuando algunas personas no pagan lo que les corresponde, la carga se redistribuye a quienes sí cumplen, lo que genera un sistema más injusto. En cambio, cuando todos contribuyen de manera justa, los recursos se pueden administrar de mejor manera y se pueden lograr mejoras en la calidad de vida de toda la sociedad.

En última instancia, la honestidad es una inversión en el futuro. Construir una carrera, un negocio o un patrimonio sobre bases sólidas y transparentes garantiza que el crecimiento sea sostenible y que no haya sorpresas desagradables en el camino.

Muchas de las personas y empresas más exitosas del mundo han entendido que la transparencia y la integridad no son obstáculos para el éxito, sino herramientas que permiten alcanzarlo con mayor seguridad y estabilidad. Ser honesto no significa pagar más de lo necesario, sino pagar lo justo y encontrar formas legítimas de optimizar los recursos sin caer en riesgos innecesarios.

La honestidad es rentable porque protege tu tranquilidad, fortalece tu reputación, te permite acceder a oportunidades financieras, te evita problemas legales y fomenta una cultura de disciplina y organización que genera crecimiento real. Aunque a veces parezca que quienes buscan atajos tienen ventaja, la realidad es que a largo plazo, quienes construyen su éxito sobre bases honestas y transparentes son los que logran el verdadero éxito y la estabilidad financiera que todos buscan.

# Invertir con Inteligencia Fiscal

Invertir es una de las mejores maneras de hacer crecer tu dinero, pero hacerlo sin considerar el impacto fiscal puede significar perder una parte importante de tus ganancias en impuestos. Muchas personas se enfocan únicamente en elegir inversiones rentables sin pensar en cómo los impuestos afectarán sus rendimientos. La inteligencia fiscal no se trata de evadir impuestos, sino de estructurar tus inversiones de manera estratégica para maximizar beneficios y reducir la carga tributaria dentro del marco legal. Entender cómo funcionan los impuestos en cada tipo de inversión puede marcar la diferencia entre generar riqueza de manera eficiente o ver cómo una parte significativa de tus ganancias desaparece en pagos innecesarios al fisco.

Uno de los primeros aspectos a considerar es el tipo de impuesto que afecta a cada inversión. No todas las inversiones tributan de la misma manera, y conocer la diferencia entre ingresos ordinarios, ganancias de capital y rendimientos pasivos puede ayudarte a tomar mejores decisiones. Por ejemplo, los ingresos provenientes de sueldos o negocios suelen estar sujetos a impuestos más altos que las ganancias de capital generadas por la venta de activos como acciones o bienes raíces. En muchos países, los impuestos sobre las ganancias de capital a largo plazo son significativamente más bajos que los impuestos sobre ingresos regulares. Esto significa que si mantienes una inversión por más tiempo en lugar de venderla rápidamente, podrías reducir lo que pagas en impuestos y aumentar tu rentabilidad neta.

Otro punto clave en la inversión con inteligencia fiscal es aprovechar las cuentas o estructuras que ofrecen ventajas fiscales. Muchos gobiernos incentivan el ahorro y la inversión ofreciendo cuentas especiales que permiten diferir o incluso eliminar impuestos sobre ciertas ganancias. En algunos países existen cuentas de retiro con beneficios fiscales donde los aportes pueden ser deducibles de impuestos y las ganancias pueden crecer sin ser gravadas hasta el momento del retiro. También existen cuentas de inversión libres de impuestos, donde los rendimientos obtenidos no generan ninguna carga tributaria si se cumplen ciertos requisitos. Usar este tipo de herramientas permite que tu dinero crezca más rápido al evitar que una parte de tus ganancias se pierda en impuestos cada año.

El sector inmobiliario también ofrece múltiples ventajas fiscales que muchos inversionistas desconocen. En muchos países, la compra de bienes raíces puede proporcionar beneficios fiscales como deducciones por depreciación, gastos operativos y costos de mantenimiento. La depreciación es una herramienta poderosa porque permite reducir la carga fiscal reportando una pérdida contable sobre el valor del inmueble, incluso cuando en la realidad la propiedad se está apreciando. Además, si utilizas financiamiento para comprar una propiedad, los intereses de la hipoteca pueden ser deducibles de impuestos, lo que reduce aún más la cantidad de impuestos que pagas sobre tus ingresos por alquiler. Con una buena planificación, el sector inmobiliario puede convertirse en una inversión altamente rentable con una carga tributaria mínima.

Las inversiones en empresas también pueden beneficiarse de estrategias fiscales inteligentes. Si eres dueño de un negocio o participas como inversionista en una empresa, estructurar adecuadamente tu participación puede reducir tu carga impositiva de forma legal. Por ejemplo, en lugar de recibir todos tus ingresos en forma de salario, podrías estructurar parte de tus ganancias como dividendos, que en muchos casos tienen un tratamiento fiscal más favorable. También existen incentivos fiscales para la reinversión de utilidades, lo que significa que en lugar de retirar todo el dinero, puedes reinvertirlo en el negocio y reducir la cantidad de impuestos a pagar. Incluso en algunos países hay beneficios fiscales para la inversión en startups o empresas de tecnología, donde los inversionistas pueden acceder a créditos fiscales o exenciones impositivas.

La diversificación es otra estrategia clave para invertir con inteligencia fiscal. No solo se trata de reducir riesgos financieros, sino también de optimizar la carga tributaria. Al diversificar en distintos tipos de activos con diferentes tratamientos fiscales, puedes equilibrar tus ingresos de manera que pagues menos impuestos en el largo plazo.

Por ejemplo, combinar inversiones inmobiliarias con acciones, bonos y fondos indexados puede ayudarte a acceder a distintos beneficios fiscales y a aprovechar los períodos de menor tributación en cada tipo de activo. Un error común es concentrar todo el capital en una sola fuente de ingresos que está altamente gravada, lo que puede significar perder oportunidades de optimización fiscal.

El momento en el que decides vender una inversión también influye en la cantidad de impuestos que pagarás. Muchas personas venden activos sin considerar las implicaciones fiscales del momento en el que lo hacen. Si vendes una inversión en un año en el que ya tienes altos ingresos, podrías terminar pagando más impuestos que si la vendieras en un año donde tu carga impositiva es menor. Algunas estrategias permiten diferir impuestos mediante intercambios de activos o ventas planificadas, lo que ayuda a minimizar la carga fiscal a lo largo del tiempo. También existen estrategias de cosecha de pérdidas fiscales, que consisten en vender inversiones que han perdido valor para compensar impuestos sobre ganancias de otras inversiones, reduciendo así la carga tributaria total.

Los fondos de inversión y las sociedades de inversión colectiva también pueden ofrecer ventajas fiscales si se eligen correctamente. En muchos casos, los fondos estructurados de manera eficiente pueden distribuir ganancias con menor carga fiscal o permitir que los inversionistas difieran impuestos hasta el momento del retiro. Además, algunos fondos especializados invierten en sectores que cuentan con incentivos fiscales, como energías renovables, tecnología o infraestructura, lo que puede proporcionar beneficios fiscales adicionales.

La planificación fiscal en inversiones no solo se trata de pagar menos impuestos, sino de maximizar el rendimiento neto de tus inversiones. La diferencia entre un inversionista que paga impuestos de manera eficiente y otro que no lo hace puede ser enorme a lo largo de los años. Si dos personas invierten la misma cantidad de dinero y obtienen el mismo rendimiento, pero una de ellas paga menos impuestos gracias a una planificación adecuada, esa persona terminará con un patrimonio significativamente mayor en el largo plazo.

Para invertir con inteligencia fiscal, es fundamental mantenerse informado sobre las leyes y regulaciones fiscales vigentes en tu país. Las reglas cambian con el tiempo, y lo que funciona hoy podría no ser la mejor estrategia en el futuro. Contar con un buen asesor financiero o un contador especializado en inversiones puede marcar una gran diferencia y ayudarte a aprovechar todas las oportunidades legales para reducir impuestos y maximizar ganancias.

En última instancia, invertir con inteligencia fiscal no significa buscar atajos ilegales o esconder dinero, sino utilizar las herramientas y estrategias disponibles dentro del marco legal para asegurarte de que tus inversiones crezcan de la manera más eficiente posible. La clave está en estructurar tus inversiones de manera que aproveches los beneficios fiscales legítimos, diversificar adecuadamente tu portafolio y planificar cada movimiento considerando su impacto fiscal a corto y largo plazo. Hacer esto no solo te permitirá pagar menos impuestos de manera legal, sino que también te ayudará a construir riqueza de manera sostenible y con menos riesgos.

# El Arte de Facturar Correctamente

Facturar correctamente es mucho más que emitir un simple documento. Es una parte fundamental de cualquier negocio, grande o pequeño, y hacerlo bien puede marcar la diferencia entre pagar los impuestos justos o terminar con problemas financieros, sanciones y auditorías inesperadas. Muchas personas ven la facturación como un trámite aburrido o innecesario, pero en realidad es una herramienta clave para organizar las finanzas, mantener un negocio saludable y evitar conflictos con las autoridades fiscales. Dominar el arte de facturar correctamente no solo te permitirá cumplir con la ley, sino que también te ayudará a optimizar tu carga tributaria y fortalecer la credibilidad de tu negocio.

Uno de los errores más comunes que cometen los emprendedores y empresarios es no darle importancia a la facturación desde el inicio de sus actividades. Algunas personas creen que pueden posponer este aspecto hasta que su negocio crezca, mientras que otras optan por operar en la informalidad para evitar pagar impuestos. Sin embargo, esta mentalidad puede convertirse en un gran obstáculo a largo plazo. No emitir facturas significa que no puedes demostrar legalmente tus ingresos, lo que te impedirá acceder a créditos bancarios, solicitar financiamiento o incluso participar en contratos con empresas más grandes que requieren documentación fiscal en regla. Además, trabajar sin facturación puede generar problemas legales graves si las autoridades fiscales detectan ingresos sin declarar.

Cada país tiene sus propias reglas y regulaciones sobre la facturación, pero hay principios básicos que se aplican en casi todos los sistemas fiscales. Una factura debe contener información precisa y completa sobre la transacción. Esto incluye los datos del emisor y del receptor, una descripción detallada de los bienes o servicios prestados, el monto total, los impuestos aplicables y el método de pago. Muchas veces, por descuido o desconocimiento, las personas omiten información clave o cometen errores en la emisión de facturas, lo que puede causar rechazos, auditorías o incluso multas. Revisar cada factura antes de emitirla es una práctica sencilla pero efectiva para evitar problemas.

Otro punto clave en la facturación es asegurarse de que las facturas estén correctamente registradas en la contabilidad del negocio. Emitir facturas sin un control adecuado puede generar inconsistencias en los registros financieros, lo que puede derivar en problemas con el pago de impuestos. Una buena práctica es llevar un sistema de facturación digital o utilizar software de contabilidad que automatice el proceso y reduzca los errores humanos. Actualmente, en muchos países es obligatorio utilizar facturación electrónica, lo que facilita el control fiscal y permite un mejor manejo de la información financiera.

Un aspecto que muchos empresarios desconocen es que la facturación también tiene un impacto directo en la carga impositiva. Emitir facturas correctamente te permite acceder a deducciones fiscales y evitar pagos innecesarios de impuestos. En muchos sistemas tributarios, ciertos gastos pueden ser deducibles si están respaldados por facturas válidas. Esto significa que si compras insumos, equipos o contratas servicios para tu negocio, es fundamental solicitar facturas que incluyan todos los datos fiscales correctos para poder registrarlas como gastos deducibles. No pedir facturas por tus gastos puede traducirse en pagar más impuestos de los que realmente deberías.

Otro error común en la facturación es el mal uso de conceptos y descripciones. Muchas personas emiten facturas con descripciones vagas o genéricas como "servicios prestados" o "venta de productos", sin especificar de qué se trata realmente la transacción. Esto puede generar dudas ante una auditoría y, en algunos casos, puede hacer que una factura sea rechazada como válida. Es importante ser lo más detallado posible al describir los bienes o servicios facturados, incluyendo cantidades, unidades de medida y cualquier otra información relevante. Una factura clara y detallada no solo facilita el control fiscal, sino que también transmite confianza a los clientes y proveedores.

También es importante conocer los plazos y requisitos de facturación establecidos por la autoridad fiscal de tu país. En muchos lugares, las facturas deben emitirse en un tiempo determinado después de la transacción, y hay normas específicas sobre cómo deben almacenarse y presentarse en caso de una inspección. No cumplir con estos plazos puede generar sanciones y problemas administrativos que pueden afectar la operación de tu negocio. Tener un sistema de control sobre las facturas emitidas y recibidas es fundamental para evitar inconvenientes.

El tema de las facturas falsas o apócrifas es otro aspecto que merece atención. En algunos sectores, es común encontrar prácticas fraudulentas donde se emiten facturas sin respaldo real para inflar gastos y reducir impuestos. Aunque puede parecer una forma "inteligente" de pagar menos impuestos, participar en este tipo de esquemas es extremadamente riesgoso. Las autoridades fiscales cuentan con sistemas cada vez más sofisticados para detectar facturas falsas, y las consecuencias pueden ir desde multas elevadas hasta sanciones penales. La mejor estrategia siempre será mantenerse dentro del marco legal y aprovechar las herramientas fiscales legítimas para optimizar la carga impositiva.

Además, es importante considerar cómo afecta la facturación a la relación con los clientes. En algunos casos, los clientes pueden solicitar facturas con datos incorrectos o pedir modificaciones para reducir su propia carga fiscal. Aceptar este tipo de prácticas puede comprometer la integridad de tu negocio y exponerte a problemas legales en el futuro. Es fundamental establecer políticas claras sobre la emisión de facturas y asegurarse de que todas las transacciones se registren de manera correcta y transparente.

Finalmente, la facturación bien manejada te permite tener una visión más clara de la salud financiera de tu negocio. Llevar un control adecuado de las facturas emitidas y recibidas te ayuda a analizar ingresos, detectar patrones de consumo, evaluar márgenes de ganancia y tomar decisiones estratégicas basadas en información real. Un negocio que factura correctamente no solo cumple con la ley, sino que también se posiciona para crecer de manera ordenada y sostenible.

Dominar el arte de facturar correctamente no solo te protege de problemas fiscales, sino que también te da acceso a beneficios como la optimización de impuestos, mejores oportunidades de financiamiento y una mayor credibilidad en el mercado. La clave está en ser meticuloso, utilizar herramientas tecnológicas que faciliten el proceso y asegurarse de que cada transacción se registre de manera clara y precisa. Facturar bien no es solo una obligación, es una estrategia inteligente para fortalecer tu negocio y garantizar su éxito a largo plazo.

# Una Pareja Poderosa

Cuando se trata de dinero e impuestos, hay una combinación que puede marcar la diferencia entre una persona financieramente estancada y alguien que logra construir riqueza con inteligencia. Esa combinación es la que forman el dinero bien administrado y una estrategia fiscal inteligente. Juntos, crean una pareja poderosa que permite aumentar el patrimonio, minimizar pérdidas innecesarias y aprovechar las oportunidades que el sistema ofrece. Sin embargo, muchas personas solo se preocupan por ganar más dinero sin entender que, si no saben cómo manejarlo correctamente, gran parte de esos ingresos pueden terminar en manos del fisco en lugar de trabajar a su favor.

El problema es que la mayoría de las personas ven los impuestos como un castigo inevitable y no como una variable que se puede gestionar de manera estratégica. Ganan dinero, pagan impuestos y se quedan con lo que sobra, sin darse cuenta de que existen maneras legales y efectivas de optimizar ese proceso para quedarse con más. La clave está en entender que los ingresos y los impuestos no deben tratarse por separado, sino como dos elementos que deben trabajar en conjunto para maximizar resultados. Es aquí donde entra en juego la importancia de planificar cada decisión financiera con una perspectiva fiscal.

Uno de los errores más comunes que comete la gente es creer que el éxito financiero solo depende de cuánto dinero se gana. Hay personas con salarios elevados que terminan pagando tantos impuestos que apenas logran acumular riqueza, mientras que otras, con ingresos más modestos, saben cómo estructurar sus finanzas de forma eficiente y logran quedarse con una mayor proporción de lo que generan. La diferencia está en la planificación fiscal. No se trata de evadir impuestos, sino de conocer y aplicar las reglas del sistema de manera inteligente para pagar solo lo que corresponde, sin perder dinero innecesariamente.

Para que esta pareja poderosa funcione, el primer paso es conocer a fondo las opciones fiscales disponibles. Existen múltiples herramientas legales que permiten reducir la carga impositiva, pero muchas personas ni siquiera saben que existen. Por ejemplo, hay deducciones fiscales que permiten restar ciertos gastos antes de calcular los impuestos a pagar, como inversiones en educación, seguros de salud, donaciones, gastos relacionados con negocios o incluso intereses de créditos hipotecarios. También hay incentivos fiscales específicos para ciertos tipos de inversiones, como los planes de retiro, la compra de bienes raíces o la creación de empresas. Quien no conoce estas opciones, simplemente paga más impuestos de los que debería.

Otro punto clave es la estructura legal en la que se generan los ingresos. No es lo mismo ganar dinero como empleado que hacerlo como empresario o inversionista. Un trabajador asalariado generalmente tiene menos opciones de optimización fiscal, ya que los impuestos se descuentan directamente de su sueldo antes de que el dinero llegue a sus manos. En cambio, un empresario o profesional independiente tiene la posibilidad de organizar sus ingresos de forma más flexible, deducir gastos legítimos y pagar impuestos sobre una base imponible más baja. Esto significa que no solo importa cuánto se gana, sino cómo se gana.

La elección del tipo de entidad legal bajo la cual operas también es fundamental en esta estrategia. Muchas personas inician negocios como personas físicas sin darse cuenta de que constituir una empresa o sociedad puede ofrecerles ventajas fiscales significativas. Dependiendo del país y del tipo de actividad, las tasas impositivas pueden ser más bajas para empresas que para individuos, y algunos gastos pueden deducirse de manera más efectiva si se manejan a través de una estructura empresarial. Además, existen regímenes fiscales preferenciales para ciertos sectores que pueden reducir aún más la carga tributaria.

La planificación fiscal no solo se trata de reducir impuestos, sino también de aprovechar oportunidades de inversión que maximicen el crecimiento del capital. Una persona que simplemente ahorra dinero en una cuenta bancaria y deja que los impuestos reduzcan su poder adquisitivo año tras año está perdiendo oportunidades.

En cambio, quien utiliza estrategias fiscales para invertir en activos con beneficios tributarios, como fondos de inversión con diferimiento de impuestos o bienes raíces con deducciones por depreciación, logra que su dinero crezca con mayor eficiencia y menos impacto fiscal.

El tiempo también juega un papel clave en esta ecuación. No es lo mismo pagar impuestos de inmediato que diferirlos estratégicamente para el futuro. Existen mecanismos que permiten posponer el pago de ciertos impuestos hasta un momento en el que la carga fiscal sea menor. Por ejemplo, en algunos países, las ganancias de capital pueden diferirse reinvirtiéndolas en determinados activos, evitando así pagar impuestos hasta el momento de la venta definitiva. Lo mismo sucede con los planes de retiro, que permiten reducir la base imponible en el presente y pagar impuestos solo al momento del retiro, cuando generalmente la tasa impositiva es menor.

Otro factor importante es la diversificación de ingresos. No depender de una sola fuente de ingresos no solo reduce riesgos financieros, sino que también permite optimizar la carga tributaria. Diferentes tipos de ingresos pueden estar sujetos a diferentes tasas impositivas, y una persona con varias fuentes de ingresos puede organizar sus finanzas de manera que minimice la cantidad de impuestos que paga. Por ejemplo, una combinación de ingresos salariales, ingresos pasivos por alquileres, dividendos de acciones y ganancias de capital puede ofrecer una estructura fiscal más eficiente que depender únicamente de un sueldo.

Además de la estructura de ingresos, es fundamental contar con una buena asesoría fiscal. Muchas personas cometen errores costosos porque intentan manejar todo por su cuenta sin conocer en profundidad las leyes tributarias. Un buen contador o asesor financiero puede ayudarte a identificar oportunidades de ahorro fiscal, evitar errores que puedan derivar en sanciones y diseñar una estrategia fiscal personalizada según tu situación específica. La diferencia entre alguien que paga impuestos sin planificación y alguien que tiene una estrategia fiscal bien diseñada puede ser enorme a lo largo de los años.

En última instancia, la clave del éxito financiero no está solo en ganar más dinero, sino en saber administrarlo con inteligencia fiscal. El dinero y la estrategia fiscal son una pareja inseparable que, cuando trabajan en armonía, permiten construir riqueza de manera sólida y sostenible. No se trata de hacer malabares para pagar menos impuestos a cualquier costo, sino de usar las reglas del juego a tu favor de manera completamente legal y estratégica. Con la información y las herramientas adecuadas, cualquier persona puede mejorar su situación financiera y asegurarse de que cada dólar ganado se utilice de la mejor manera posible.

Construir riqueza no es solo cuestión de esfuerzo y talento, sino también de conocimiento. La diferencia entre alguien que lucha toda la vida para mantenerse a flote y alguien que alcanza la libertad financiera muchas veces está en qué tan bien entiende y aplica la relación entre ingresos e impuestos. Al final, la verdadera riqueza no es solo ganar más, sino aprender a quedarte con más de lo que generas, y esa es la verdadera magia de esta pareja poderosa.

# Errores Comunes y Cómo Evitarlos

Uno de los mayores problemas con los impuestos no es solo pagarlos, sino cometer errores que terminan costando más dinero, tiempo y dolores de cabeza de los necesarios. Muchas personas caen en trampas comunes simplemente porque no saben cómo funciona el sistema fiscal o porque dejan todo para el último minuto sin una estrategia clara. Evitar estos errores no solo te ayudará a pagar lo justo y necesario, sino que también te permitirá aprovechar mejor las oportunidades fiscales que pueden dejar más dinero en tu bolsillo.

El primer error que la mayoría de la gente comete es no llevar un control adecuado de sus ingresos y gastos. Muchas personas piensan que los impuestos solo se pagan una vez al año y que no necesitan preocuparse hasta que llega la fecha límite. El problema con esta mentalidad es que cuando finalmente llega el momento de presentar la declaración, se encuentran con un caos financiero donde faltan recibos, no recuerdan ciertos gastos o, peor aún, han cometido errores durante el año que ya no pueden corregir. Llevar un registro ordenado de tus finanzas es clave para asegurarte de que no pagas más de lo debido y de que puedes aprovechar todas las deducciones y beneficios fiscales disponibles.

Otro error común es no aprovechar las deducciones fiscales. Muchas personas pagan más impuestos de los que deberían simplemente porque desconocen qué gastos pueden ser deducidos. Por ejemplo, en algunos países puedes deducir gastos médicos, educación, donaciones, intereses de créditos hipotecarios, aportes a planes de retiro e incluso algunos gastos relacionados con el trabajo si eres independiente o dueño de un negocio. El problema es que mucha gente no guarda los comprobantes necesarios o no se informa sobre qué deducciones aplican en su caso. La solución es simple: infórmate y organiza tus documentos para asegurarte de que cada peso que puedas deducir sea contabilizado correctamente.

También es muy común cometer errores al elegir la estructura legal para generar ingresos. Por ejemplo, muchas personas trabajan como independientes sin formalizar su negocio y terminan pagando impuestos como si fueran empleados, lo que suele ser menos eficiente desde el punto de vista fiscal. Dependiendo de la legislación de cada país, tener una empresa registrada puede ofrecer beneficios como pagar menos impuestos sobre ciertos ingresos, deducir más gastos o acceder a regímenes tributarios especiales. Evaluar la mejor estructura para tu situación es fundamental para optimizar lo que pagas y evitar perder dinero innecesariamente.

Otro problema frecuente es mezclar las finanzas personales con las del negocio. Muchos pequeños empresarios y autónomos cometen el error de usar una sola cuenta bancaria para todo, lo que complica el control de gastos y puede hacer que se pierdan deducciones importantes. Además, esta falta de separación puede generar problemas con la autoridad fiscal en caso de una auditoría, ya que se vuelve difícil demostrar qué gastos están realmente relacionados con la actividad económica y cuáles son personales. La mejor solución es siempre mantener cuentas separadas y ser disciplinado con la administración del dinero.

No planificar el pago de impuestos con anticipación es otro error que puede traer problemas financieros graves. Muchas personas esperan hasta el último momento para calcular cuánto deben pagar y luego se encuentran con una sorpresa desagradable: una factura fiscal más alta de lo esperado. En algunos casos, esto lleva a que la gente no tenga suficiente dinero para pagar a tiempo, lo que genera intereses, multas y problemas legales. Para evitar esto, lo mejor es hacer estimaciones periódicas de lo que se debe pagar y reservar ese dinero con anticipación. Tener una estrategia de pagos anticipados o pagos parciales durante el año puede hacer que la carga fiscal sea más manejable y evitar sustos de último minuto.

Un error que muchas personas subestiman es no declarar correctamente todos sus ingresos. Algunas personas piensan que pueden omitir ciertos ingresos sin consecuencias, pero la realidad es que la autoridad fiscal tiene múltiples mecanismos para rastrear el dinero que recibes. Desde información proporcionada por bancos y empleadores hasta cruces de datos con otras instituciones, cada vez es más difícil esconder ingresos. Si la autoridad detecta discrepancias, puedes enfrentarte a auditorías, multas o incluso problemas legales más serios. La mejor estrategia siempre es declarar correctamente todo lo que ganas y asegurarte de que tu información fiscal sea coherente con la realidad.

Otro error peligroso es confiar ciegamente en un asesor fiscal sin entender lo que está haciendo. Muchas personas delegan completamente el manejo de sus impuestos en un contador sin preocuparse por revisar lo que se está declarando. Esto puede ser un problema si el asesor comete un error o si aplica estrategias cuestionables que pueden meterte en problemas con la autoridad fiscal. Aunque contar con un buen asesor es clave para optimizar tu carga tributaria, siempre debes tener un entendimiento básico de lo que se está haciendo con tu dinero. Pregunta, revisa los documentos antes de firmar y asegúrate de que todo está en orden.

La falta de actualización sobre cambios fiscales también es un error que puede costarte caro. Las leyes tributarias cambian constantemente, y lo que funcionaba el año pasado puede no ser válido este año. Nuevas deducciones pueden estar disponibles, ciertas tasas impositivas pueden modificarse o nuevas regulaciones pueden afectar tu situación. No mantenerse informado puede hacer que pierdas oportunidades fiscales o, peor aún, que cometas errores involuntarios que te generen sanciones. La solución es simple: dedica tiempo a revisar las novedades fiscales, consulta con un experto o usa fuentes confiables para mantenerte al día.

Un error que afecta a muchas personas es no diversificar sus ingresos para optimizar su carga fiscal. No todos los ingresos se gravan de la misma manera, y algunas fuentes pueden tener tasas impositivas más favorables que otras. Por ejemplo, en algunos países los ingresos por inversiones tienen impuestos más bajos que los salarios, o ciertos tipos de negocios pueden acceder a beneficios fiscales que no aplican para otros. No diversificar y depender de una única fuente de ingresos puede hacer que pagues más impuestos de lo necesario, mientras que una estrategia bien estructurada puede ayudarte a reducir tu carga tributaria de manera legal.

Finalmente, uno de los errores más graves que la gente comete es ver los impuestos como un castigo en lugar de una parte normal de la vida financiera. Esta mentalidad hace que muchas personas tomen decisiones impulsivas, busquen esquemas dudosos para pagar menos o simplemente se desentiendan de sus obligaciones fiscales hasta que es demasiado tarde. Los impuestos no tienen por qué ser una carga insoportable si se manejan con inteligencia y planificación. En lugar de verlos como un obstáculo, es mejor tratarlos como una parte de la estrategia financiera que, bien administrada, puede ayudarte a construir riqueza y seguridad a largo plazo.

Evitar estos errores no solo te ayudará a pagar menos impuestos de manera legal, sino que también te dará tranquilidad financiera. Con organización, planificación y conocimiento, cualquier persona puede optimizar su carga fiscal y asegurarse de que su dinero se utilice de la mejor manera posible. Los impuestos no tienen por qué ser un problema si sabes cómo manejarlos correctamente.

# El Camino Hacia la Libertad Financiera y Fiscal

La libertad financiera y fiscal no es un concepto exclusivo de millonarios o expertos en economía. Es una meta alcanzable para cualquier persona que esté dispuesta a organizar sus finanzas, aprender sobre impuestos y aplicar estrategias inteligentes para que su dinero trabaje a su favor. El problema es que la mayoría de la gente ve los impuestos como un enemigo, en lugar de entender que, bien administrados, pueden ser una herramienta para generar riqueza y estabilidad a largo plazo.

El primer paso para lograr la libertad financiera y fiscal es conocer con precisión cuánto ganas y cuánto gastas. Puede parecer básico, pero la mayoría de las personas no tiene una idea clara de sus propias finanzas. Gastan sin control, pagan impuestos sin revisar si están pagando más de lo necesario y desconocen qué beneficios fiscales podrían estar aprovechando. Antes de pensar en estrategias avanzadas, necesitas saber con exactitud en qué se está yendo tu dinero cada mes. Llevar un registro detallado de ingresos y egresos te permitirá tomar decisiones informadas y evitar sorpresas desagradables.

Una vez que tienes claridad sobre tus finanzas, el siguiente paso es reducir de manera legal el impacto de los impuestos en tus ingresos. Aquí es donde entra en juego la planificación fiscal. No se trata de evadir impuestos ni de hacer maniobras cuestionables, sino de utilizar las reglas a tu favor. Existen múltiples estrategias para pagar menos impuestos de forma completamente legal, como aprovechar deducciones fiscales, elegir la estructura correcta para generar ingresos, invertir en vehículos financieros con beneficios tributarios y distribuir ingresos de manera estratégica. Cada país tiene diferentes oportunidades, pero el punto clave es investigar y aplicar las que mejor se adapten a tu situación.

Otro aspecto fundamental es entender cómo funcionan los diferentes tipos de ingresos. No todo el dinero que ganas se grava de la misma manera, y algunas fuentes de ingresos tienen impuestos mucho más bajos que otras. Por ejemplo, en muchos países los ingresos pasivos, como los obtenidos por inversiones o rentas de propiedades, tienen tasas impositivas más favorables que los ingresos por salario. Si solo dependes de un empleo tradicional, es probable que estés pagando una de las tasas de impuestos más altas. Diversificar tus fuentes de ingreso es una de las formas más efectivas de optimizar tu carga fiscal y acercarte a la libertad financiera.

El siguiente paso es maximizar tus ahorros e inversiones con inteligencia fiscal. Muchas personas invierten su dinero sin considerar el impacto fiscal, lo que puede reducir significativamente sus rendimientos. Por ejemplo, si inviertes en activos que generan ingresos altamente gravados, podrías estar perdiendo una parte importante de tus ganancias en impuestos. Sin embargo, si eliges vehículos de inversión con ventajas fiscales, como cuentas de retiro con beneficios impositivos o estrategias de reinversión que difieran el pago de impuestos, puedes hacer crecer tu dinero mucho más rápido. La clave es no solo invertir, sino hacerlo con un enfoque fiscalmente eficiente.

Una estrategia que muchas personas subestiman es el uso de estructuras legales para optimizar impuestos. Dependiendo de la legislación de cada país, puede ser más conveniente operar a través de una empresa, una sociedad o incluso una fundación en lugar de recibir todos los ingresos como individuo. Este tipo de estructuras pueden ofrecer beneficios como tasas impositivas más bajas, acceso a deducciones adicionales y mayor flexibilidad en la gestión del dinero. No se trata de trucos ni de esquemas agresivos, sino de elegir la mejor forma legal de administrar tus ingresos para pagar solo lo justo y necesario.

La planificación fiscal a largo plazo es otro elemento clave en el camino hacia la libertad financiera. No basta con pensar en cómo reducir impuestos este año; necesitas una estrategia sostenible que funcione a lo largo de toda tu vida financiera. Por ejemplo, si ahorras para la jubilación de manera eficiente desde el punto de vista fiscal, puedes acumular mucho más dinero que si simplemente ahorras sin considerar los impuestos. Del mismo modo, si planeas la transmisión de tu patrimonio con estrategias fiscales adecuadas, puedes evitar que una gran parte de tu dinero termine en manos del gobierno en lugar de tus herederos.

Otro punto esencial es evitar errores costosos en la administración de impuestos. Muchas personas pierden dinero porque no presentan sus declaraciones correctamente, olvidan deducciones o cometen errores que generan multas y sanciones. Una auditoría fiscal puede convertirse en una pesadilla si no has llevado un buen control de tus finanzas. La mejor manera de evitar estos problemas es ser proactivo, mantener registros organizados y, si es necesario, contar con el apoyo de un asesor fiscal confiable.

Finalmente, la verdadera libertad financiera no solo se trata de ganar más dinero o pagar menos impuestos, sino de tener el control total sobre tus finanzas. Muchas personas, incluso con altos ingresos, viven con estrés financiero porque gastan más de lo que ganan, tienen deudas mal administradas o simplemente no entienden cómo funciona el dinero. La clave es construir una mentalidad de planificación, control y educación financiera continua.

El camino hacia la libertad financiera y fiscal no es un proceso que sucede de la noche a la mañana, pero cada decisión inteligente que tomas hoy te acerca un paso más. La diferencia entre quienes logran independencia financiera y quienes siempre están atrapados en problemas de dinero no es la cantidad de ingresos que generan, sino cómo administran esos ingresos. Si aprendes a manejar los impuestos con estrategia y a hacer que tu dinero trabaje para ti, podrás disfrutar de una vida con menos preocupaciones financieras y más oportunidades de crecimiento.

www.ingramcontent.com/pod-product-compliance
Lightning Source LLC
LaVergne TN
LVHW060255051026
849517LV00003B/810
* 9 7 9 8 2 3 0 7 3 0 3 4 7 *